난 스스로 꼬투리가
터져 씨앗들이 흩어지지.

글 김인숙

충남 논산에서 태어나 대학교에서 영어영문학을 공부하였고, 지금은 어린이책 쓰는 일을 하고 있습니다. 그동안 <오천 년 지혜 담긴 건물 이야기>, <엽기발랄 안다박사의 요건 몰랐지?>와 같은 어린이책을 썼으며, 어린이들이 재미있게 읽고 행복해할 수 있는 글을 쓰기 위해 노력하고 있습니다.

그림 전지은

서울에서 태어나 홍익대학교에서 시각디자인과 서양화를 공부했습니다. 현재 어린이책에 그림을 그리고 있습니다. 그동안 <갑옷을 입은 거북> 등을 그렸습니다.

감수 엄안흠

한국교원대학교 생물교육과를 졸업하고 미국 캔사스주립대학교에서 생물학 박사 학위를 받았습니다. 현재는 한국교원대학교 생물교육과 교수로 재직하고 있습니다. 그동안 지은 책으로는 <균류생물학>, <선인장>, <콩> 등이 있습니다.

식물 · 식물의 번식 17 씨앗아 멀리멀리 퍼져라

김인숙 글 · 전지은 그림 · 엄안흠 감수
펴낸곳 (주)아람키즈 | 펴낸이 이소영 | 주소 서울특별시 성동구 성수이로 147, 아이에스비즈타워 2F
고객센터 1644-4521 | 팩스 02-468-5548 | 홈페이지 www.aramkids.co.kr | 출판등록 제2020-000011호
기획 · 편집 · 디자인 (주)아람키즈 하늘땅
ISBN 979-11-6543-526-4 979-11-6543-574-5(세트)

씨앗아 멀리멀리 퍼져라

김인숙 글 · 전지은 그림 · 엄안흠 감수

아람키즈

따가운 햇살이 마당에 퍼졌어.
마당에는 **민들레***가 꽃잎을 펼치고,
보라색 **제비꽃***도 여기저기 피었어.

어느새 꽃이 시들고,
꽃이 시든 자리에 단단한 씨앗이 맺혔어.
꽃마다 가득가득 여러 모습의 씨앗을 만들었지.
이다음에 더 많은 꽃들을 피워 내려는 거야.

마당 한쪽에서 바람이 불어왔어.

팔랑팔랑,

바람을 타고 민들레 씨앗들이 멀리 날아갔지.

단단한 **꼬투리***가 터졌어.

톡 토독 톡톡,

제비꽃 씨앗들이 휙 날아 사방으로 흩어졌지.

가을볕이 따갑게 내리쬐는 들판,
무당벌레가 **질경이***를 툭 건드렸어.
후드득후드득,
질경이 씨앗들이 떨어졌어.

강아지 한 마리가 잠자리를 쫓느라 풀숲을 뛰어다녔어.

도깨비바늘* 씨앗들이 강아지 털에 얼른 달라붙었지.

집에 온 강아지가 부르르 몸을 떨자,
도깨비바늘 씨앗들이 땅으로 떨어졌어.

배고픈 까치가 찔레 열매를 먹었어.

열매 속의 씨앗도 까치의 배 속으로 들어갔지.

까치가 날아가다 찍 똥을 눴어.

배 속에 있던 씨앗이 똥과 함께 떨어졌지.

바람이 조금 차가워졌어.
마당가에 있던 호두나무 열매가 벌어지고,
그 속에서 호두가 툭 떨어졌지.

청설모*가 쪼르르 달려와
낙엽 밑에 호두를 숨겼어.
아이들도 와서 호두를 주웠지.

제발 나를
밟지 말아 줘.
열심히 먹이를 모아
두었으니 이번 겨울도
문제없어.
나도 예쁜 꽃을
피우고 싶은데…….

청설모에게 들키지
않아야 하는데…….
어디 갔지?
분명히 이 근처에
숨겨 놨는데.
어유, 추워!
이 추위만 잘
견디면 돼.

추운 겨울이 한참 머무르다 지나가고,
어느새 봄 햇살이 마당을 비추었어.
또다시 마당에는 예쁜 꽃들이 피어났지.

또 꽃이 시들고 씨앗이 맺혔어.
씨앗은 땅에 떨어져 무럭무럭 자라나고,
또다시 더 많은 씨앗을 만들겠지.

신나는 과학놀이

문제 다음은 식물들의 씨앗 그림이에요. 이름이 **잘못된 것**은 무엇일까요?

① **도깨비바늘**

② **제비꽃**

③ **민들레**

④ **벼**

정답은? ① ② ③ ④

문제 씨앗은 동물들에 의해 퍼지기도 해요. 다음 중 설명이 **잘못된 것**을 고르세요.

① 까치는 찔레 열매를 먹은 후 씨앗을 똥과 함께 떨어뜨려.

② 무당벌레가 질경이를 툭 건드리면 씨앗이 후드득 떨어져.

③ 도깨비바늘 씨앗들은 강아지 털에 달라붙어 옮겨져.

④ 청설모는 나무 타기를 잘 못해서 낙엽 밑에 호두를 숨기는 거야.

정답은? ① ② ③ ④

정답: 4, 4